ediciones**carena**

CARMEN PLAZA

CALENDARIO
DE HAIKUS

Primera edición: abril de 2025

© Carmen Plaza
© Ediciones Carena

Ediciones Carena
c/ de l'equador 45, local 6
08014 Barcelona
T. 933 131 908
www.edicionescarena.com
info@edicionescarena.com

Prólogo: Milagros Salvador

Autor de todas las imágenes: Luis Gómez
Web: luisgomzcolors.com

Imagen de cubierta: *Salida de sol nadando*, acrílico.
Imágenes de interiores: *Verdes*, acrílico;
Cerezas, acrílico; *Parra*, acrílico; *Montañas*, acrílico.

Diseño de la cubierta y maquetación: Sofía Cabrera

Depósito legal B 6101-2025
ISBN 979-13-87623-11-1

Impreso en España - Printed in Spain

A Clara y Luis
23 de enero de 2025

CALENDARIO DE HAIKUS
DE CARMEN PLAZA

El título de un nuevo libro, como tarjeta de presentación que es, siempre se acompaña de una curiosidad y un desafío, y con esa actitud se abren las primeras páginas de la obra. En este caso, la autora Carmen Plaza, con el título *Calendario de haikus,* nos invita a su lectura, dándonos una primera pista de su contenido.

La forma poética japonesa del haiku es muy antigua y ha dado muchos nombres a su literatura, como Matsuo Basho, del siglo XVII, Yosa Busho, Masaoka Shiki, hasta la gran hispanista Satoko Tamura, forma poética que ha tenido importante resonancia a partir del siglo XX en muchos de los autores en nuestra lengua, como Jorge Luis Borges, Octavio Paz, Juan Ramón Jiménez, Mario Benedetti, entre otros, y en la actualidad un número significativo de poetas, y cito a Ch. Abada, Carlos Clementson, Cesar Aira, Luz del Olmo, José Emilio Pacheco, Valentí Gómez i Oliver, por citar algunos, aunque es verdad que no todos lo hicieron ajustándose a las reglas del haiku original, el *Kigo,* según la tradición, dentro de una generatriz Naturaleza, sino ampliando sus fronteras conceptuales, aunque el conocido eje de 5 - 7 - 5 sílabas sí ha sido el índice respetado por todos.

Recordamos aquí a Fernando Rodríguez Izquierdo, en la antología bilingüe *El estanque amanece*, que nos recuerda en el prólogo el justo «estribillo de nuestra seguidilla, latido popular y rotundo», pero debo yo añadir que con otro muy lejano espíritu.

El haiku, manifestación breve, que no por eso ausente de expresividad, exige acaso, además de su esencialidad, el compromiso estético de su manifestación.

Como nos apunta, por ejemplo, Pablo Emilio Llorente, en su libro *Eterno Vuelo,* el último verso del haiku hace más diáfanos los dos primeros.

Y con todo este preámbulo pasamos a nuestra autora, y lo primero que quiero señalar es que éste es su tercer libro de haikus y con más de treinta poemarios editados, lo que nos apunta que tiene ya un respetable recorrido de experiencia y conocimiento.

De sus anteriores libros dedicados al haiku, el primero tiene como título *Las cuatro voces*, y el segundo *La sombra del trébol.*

La obra se divide en cuatro capítulos, que siguen las estaciones en el orden vitalista del año, Primavera, Verano, Otoño e Invierno, y muy oportunamente, el número de intención de 365, coincidiendo con los días del año, sin olvidar la presencia del último haiku, que correspondería en caso de año bisiesto. Todo un don de oportunidad y realismo.

Lo primero que se destaca en la concepción del haiku por parte de la autora, es su acción creadora y esencial, en la que la inspiración y su ajuste a la concepción de la obra queda demostrado. Su preocupación por la belleza expresiva que acompaña el desarrollo del libro y la capacidad de síntesis que exige como un éxtasis del paisaje en clave poética.

La imagen a través de la palabra concurre en esta exaltación.

En cada uno de los ejemplos que presenta el libro, como elemento, la observación, la mirada, los instantes… es la inspiración que traduce el paisaje, reducción e intensidad que va desgranando a lo largo de la obra y que Carmen Plaza lo demuestra y nos comunica con sus palabras.

Dentro de cada estación podríamos indicar un eje, el que va identificando la unión preferente y correspondiente con la estación señalada, y todo en la brevedad, en palabras como río, nube, ave, camino, lluvia, noche, viento, arena, jardín, cielo, agua, surco, horizonte, pájaro… Naturaleza, la que va deslizándose entre los versos, como el alma de la tierra que llama inevitablemente, y en algunos casos más imperceptibles porque la línea estética tiende a incorporar sensaciones vividas.

Como resumen creo suficiente unas palabras que definen toda obra de Carmen Plaza: observación, esencialidad, belleza, síntesis, sensibilidad, y poder expresivo.

Entonces, la emoción y la catarsis del haiku emite orden, precisión y belleza.

Milagros Salvador,
escritora.

PRIMAVERA

1.

En Primavera
me vestiré de verde.
Voy a brotar.

2.

Amanecer.
El sol llama a la puerta
de cada día.

3.

Muestran los campos
los colores del alma
a pinceladas.

4.

Fiesta en la era.
El brillo de la espiga
quiere ser pan.

5.

Emite el tallo
su tierna melodía.
Nadie lo oye.

6.

También las piedras
son flores si se miran
desde lo alto.

7.

La rosa muestra
el color de una vida.
Su brevedad.

8.

Van a nacer.
No saben que tropiezan
con su destino.

9.

Luz transparente.
El don que se recibe
a manos llenas.

10.

Cruzan los pájaros
sin mudarse de ropa
las estaciones.

11.

El mar exhibe
un color que no es suyo
y no lo sabe.

12.

Rompen la tierra
las raíces desnudas.
Quieren ser árbol.

13.

El horizonte
se mira y no se toca
en el cayuco.

14.

Dulce sabor.
Regalo de la abeja.
Toda su vida.

15.

Ojos del cielo.
Nunca podrán cerrarse.
No tiene párpados.

16.

Pájaro errante.
En el seno del aire
cuna y mortaja.

17.

Nace el jazmín.
Cuando termina el viaje
cede su aroma.

18.

Ventana abierta.
Entran rayos de sol
y la tormenta.

19.

En la ciudad
cuando el día despunta
no canta el gallo.

20.

Héroe desnudo.
Le viste su corona.
Verde laurel.

21.

Resbala el tiempo
cada vez más deprisa.
Granos de arena.

22.

La misma luz
persigue por las calles
las mismas sombras.

23.

El agua sabe
que necesita nubes
para llover.

24.

Pobre memoria.
La mariposa olvida
que fue gusano.

25.

Se encumbra el árbol.
Desde lo más profundo
la tierra empuja.

26.

Abro la jaula
y cantan los canarios.
Batir de alas.

27.

Al pobre niño
nadie le había hablado
de primaveras.

28.

Blanco nenúfar.
Solo tiembla de frío.
Nadie lo mancha.

29.

Cuando se eleva
el cóndor a lo alto
deja de vernos.

30.

Cada paisaje
lleva impresa la huella
de la mirada.

31.

Todo es silencio,
pero a veces las flores
hablan a gritos.

32.

Sueño imposible.
El horizonte ansía
besar la barca.

33.

Jardín de piedra.
Cuando muevo un guijarro
nace una rosa.

34.

Azul marino.
Brota desde lo hondo.
Amor del agua.

35.

El río fluye
siempre corriente abajo
sin retroceso.

36.

Pueden también
oírse los colores,
su melodía.

37.

Sabe la ostra
que dentro de su herida
nace una perla.

38.

Bajo la tierra
teje la primavera
nuevos senderos.

39.

La ola mece
unos sueños de arena
que se deshacen.

40.

El barco quiere
recordar el camino.
Deja una estela.

41.

De uno en uno,
con instantes felices
se forma un ramo.

42.

Se reconocen
naranjas y pasiones.
Brotan a gajos.

43.

Llega Sant Jordi
y todas las palabras
huelen a rosa.

44.

Azul eléctrico.
Brillaba en la tormenta.
Lo alcanzó un rayo.

45.

Esos vencejos
no creen que están volando
si no miramos.

46.

La espiga pierde
todos sus aguijones
en la tahona.

47.

Quiere escribir
poemas con su tinta
el calamar.

48.

De verde sueñan
los árboles que gozan
vida perenne.

49.

Lo que aparece
desde lo más oculto
no tiene nombre.

50.

Más resistente
entre piedras y lodo
surge la vida.

51.

Zarpan los barcos
y todos los marinos
miran al cielo.

52.

Cuando nos besa
la estrella que palpita
ya no es estrella.

53.

Desde la cumbre
se cuentan los segundos
como centurias.

54.

En la pared
han pintado unas flores.
No se deshojan.

55.

El viejo sauce
sabe que no está solo
con su tristeza.

56.

Los aguaceros
destiñen los colores
de las mejillas.

57.

Vigor oculto.
Para un largo camino
solo dos pies.

58.

En la maceta
sueñan tierra sin muros
todas las flores.

59.

La pulga salta
para alcanzar un cielo
a su medida.

60.

En unos ojos
caben todos los mares
que se derraman.

61.

Nace la vida
rodeada de sangre.
Es un aviso.

62.

Con unas alas
quisiera la serpiente
alzar el vuelo.

63.

El viaje es breve.
En un solo segundo
el infinito.

64.

Busca el narciso
la belleza perdida
entre las aguas.

65.

Abro el candado.
Entra la primavera
en pleno invierno.

66.

Cada mañana
me despierta la niña
que ya creció.

67.

Baten las olas
en el mar de Castilla
bajo la espiga.

68.

Explora el aire.
El globo sube y sube
hasta que explota.

69.

Pueden los ojos
inventar los colores
que nadie ha visto.

70.

Estamos vivos
porque puede dolernos
la luz que asoma.

71.

Guarda la piedra
un temblor escondido
en lo más hondo.

72.

Se busca hogar
para unas flores secas.
Cualquier jarrón.

73.

Cojo una rama
y llevo todo el bosque
entre mis manos.

74.

Pintan las aves
rutas imaginarias
que no se borran.

75.

Aguamarina.
No es el mar ni es el agua.
Solo belleza.

76.

También el cardo
quiere ofrecer sus flores
al caminante.

77.

Día feliz.
He visto la libélula
en un poema.

78.

Por este puente
pasa la primavera
entre suspiros.

79.

La estrella niña
ha caído a la charca.
Juega en el agua.

80.

Sabia maestra.
Canta la golondrina
canción de amor.

81.

El sol enciende
la amapola en el campo
y la batalla.

82.

Lienzo en el aire.
El iris en el cielo
o en unos ojos.

83.

Ya no hay sendero.
Comieron las hormigas,
una tras otra.

84.

Dibujo un asno.
Le falta rebuznar,
darme las gracias.

85.

Hermosa senda.
Para verla de noche
cierro los ojos.

86.

Bajo la yerba
el campo precavido
guarda la lluvia.

87.

Dios llega tarde.
Cuando quiere avisarnos
ya hemos nacido.

88.

Da su concierto
a quien sabe escuchar
la caracola.

89.

Siempre distintos
cada voz, cada rostro.
Como los pétalos.

90.

El cielo, el mar.
El libro de poemas.
Todo es Azul.

91.

Sabio jardín.
Deja libre su trono
la flor que muere.

92.

Se va desnuda.
Cedió la primavera
su verde manto.

VERANO

93.

El sol se yergue.
El verano despunta.
Comienza a arder.

94.

En el desierto
los colores se esconden
bajo las dunas.

95.

Quiere pintar
el cielo con sus alas
la mariposa.

96.

El girasol
no quiere ver la noche.
Cierra los ojos.

97.

Acopia el mar
azules sobre azules.
Arriba, el cielo.

98.

Surcan el aire
golondrinas que vuelan
como palabras.

99.

Cuando amanece
en algunos lugares
llegan las sombras.

100.

Soñaba el pez
que entraba agua de mar
en la pecera.

101.

Quiere correr
el niño sin zapatos
y sin camino.

102.

El tiempo juega
cuando llega la noche
al escondite.

103.

Como la ola
llega la muerte al mar.
Blanca y azul.

104.

Blando es el lecho.
Los pájaros se duermen
sobre sus plumas.

105.

El alba huye.
Se libra del incendio
hasta mañana.

106.

Amasan pan
rudas manos de leña.
Huelen a hogaza.

107.

Lleva la hormiga
a lomos su morada.
También los muebles.

108.

Río sin agua.
En el lecho reseco
lloran las piedras.

109.

Sabio gusano.
Conoce las heridas
de los caminos.

110.

Fuego escondido.
Corales que crepitan
bajo las aguas.

111.

No llega el aire.
Se sofoca la casa.
Ha entrado el miedo.

112.

El lirio muestra
la belleza de siglos
y del instante.

113.

El camello presume.
Resplandece su piel
color de arena.

114.

La raíz sueña
que el aire la rescata.
Ferviente amor.

115.

Suave lavanda
el perfume del cielo
sobre la tierra.

116.

Verde o azul.
La duda llega al mar.
Gozo turquesa.

117.

En un instante
el mosquito ha ocupado
toda la casa.

118.

El manso abeto
atraviesa el espacio
con sus agujas.

119.

La tierra ocre
sustenta los caminos.
Siembra los pasos.

120.

Las margaritas
cuentan las horas muertas.
No acaban nunca.

121.

Fría materia.
El beso de las piedras
enciende el fuego.

122.

Sangre caliente
ha derramado el sol
todo el verano.

123.

Dejar la piel
igual que la serpiente
por el camino.

124.

Su sangre es blanca.
Las heridas del mar
nunca se secan.

125.

Se quedó helado
el verde del pistacho.
Lo lame el niño.

126.

Enajenado,
se cree único el sol.
Dios amarillo.

127.

Guardar la risa
con el gozo y la leña
para el invierno.

128.

La ira estalla.
Descompone su luz
en el incendio.

129.

Sueña la infancia
que regresa a las aguas
del dulce lago.

130.

A cada paso
se eleva más la cumbre
hasta perderse.

131.

Una sonrisa
encerrada en su cofre
muere de pena.

132.

Arde el dolor.
El sueño se calcina.
La noche en blanco.

133.

Guarda el sendero
el calor de los pasos
bajo las piedras.

134.

Vieja estación.
Un banco está esperando.
Nadie lo ocupa.

135.

El campesino
ha regado los campos
con su sudor.

136.

No quiere príncipes.
A la rana le basta
besar al sapo.

137.

La lluvia apaga
el fuego del camino
con cada lágrima.

138.

El mismo idioma
a través de los siglos.
Bala la oveja.

139.

A fuego lento
se derrite la cera
sobre el altar.

140.

Lluvia de estrellas.
Como todos los santos
llora Lorenzo.

141.

Pisa su sombra.
y la cubre de babas.
El caracol.

142.

Duerme el nenúfar
en el lecho del lago.
Humilde trono.

143.

Para la sed
busco la fuente oculta
que siempre mana.

144.

Pavo real.
Presume de su cola.
No puede verla.

145.

Borda agujeros
para que pase el aire.
Tela de araña.

146.

Cielo lejano.
Nacen soles y lunas
que no se tocan.

147.

Concha vacía.
Guarda la eternidad
entre sus valvas.

148.

El mar rodea
la costa calcinada.
Calma su sed.

149.

En este fuego
se confunden las llamas
de otros incendios.

150.

El tren olvida
el paisaje que escapa
al otro lado.

151.

Día sin nubes.
El eco de mi voz
llega hasta el cielo.

152.

En el arroyo,
desnuda sobre el agua,
tiembla la luna.

153.

Una cometa
pasea por el cielo.
Sueña que es pájaro.

154.

Tejen la era
dando vueltas y vueltas
hambres antiguas.

155.

Con tinta azul
que no borren las olas
quiero escribir.

156.

También la suerte
tiene arena en los ojos
cuando nos mira.

157.

Granos de uva.
En racimos gozosos
risas redondas.

158.

Cantan a coro
el grillo que ha nacido
y el que se va.

159.

El viento arrasa
la vida en las pateras.
Pesa muy poco.

160.

La buena senda
buscan bajo las ruinas
picapedreros.

161.

Desde la boya
se yergue la gaviota.
Vigila el puerto.

162.

Estuvo aquí
un ángel con trompeta.
Nadie lo oyó.

163.

Pequeñas islas
inventan travesías
para tocarse.

164.

Con un compás
dibujó Dios la luna.
Salió redonda.

165.

En el oasis
la fruta nunca llega
hasta la boca.

166.

Solo se oye
el clamor de la yerba
cuando la pisan.

167.

Llega la ola
a besarnos los pies
y nos hundimos.

168.

En la alacena
se esconden los ratones.
Nadie los busca.

169.

Se rompe el mar
en una espuma blanca.
Limpios cascotes.

170.

Camino incierto.
La paz llega de golpe
como la guerra.

171.

Es un milagro
que disputan dos santos.
Nunca existió.

172.

Esta campana
da su voz al cristal
cuando lo rompe.

173.

Se quiebra el blanco.
La cáscara de huevo
ha roto el pollo.

174.

Pasea el cisne.
Un ángel ha caído
sobre las aguas.

175.

Hablo del sol.
Lo mezclo con saliva.
Arde mi boca.

176.

Con esta luz
que nace cada día
todos nacemos.

177.

En un instante
veo crecer el árbol.
Tiempo infinito.

178.

El color gris
de los ojos del gato
me está mirando.

179.

El sol broncea
los cuerpos y las almas.
Pintor sin brocha.

180.

Disuelve el mar
las miradas perdidas.
sin horizonte.

181.

El río seco
ha tragado las aguas.
También los peces.

182.

Hotel de paso.
Los sueños pasan raudos
por las almohadas.

183.

El ave canta
en el árbol frondoso
mientras lo talan.

184.

Pasan los días
en una procesión.
Cirios ardiendo.

OTOÑO

185.

Viento de otoño.
Arrasa los senderos
de la mirada.

186.

Ayer fue verde.
Hoy es hoja amarilla.
Llega su hora.

187.

Lanza el diluvio
un dolor que no es nuestro
y nos empapa.

188.

Entre la niebla
se estremece un poema.
Quiere nacer.

189.

El trueno aúlla.
De la torre más alta
cae al vacío.

190.

Lloraba el sauce.
Acaso ser tan bello
no le bastaba.

191.

Llega la lluvia.
La gota que desciende
deja su surco.

192.

No canta el gallo.
Se ha quedado sin cresta
y sin amigos.

193.

¿Dónde está el sol?
Las nubes lo han borrado.
Pobre geranio.

194.

La piedra sueña
que aprenderá a volar
cuando despierte.

195.

Balcón florido.
No nos llega su aroma
tras los barrotes.

196.

Empieza el frío.
Seré más recatada
con mis escotes.

197.

Surco profundo.
Germinan las raíces
del pensamiento.

198.

Cuando la ostra
aprende a sonreír
nace una perla.

199.

El viento intenta
doblegar a la caña.
No lo consigue.

200.

Una plegaria:
Que la lluvia bendiga
también por dentro.

201.

En este campo
agoniza la yerba
bajo los tanques.

202.

Cada sonido
apuntala en el aire
su travesía.

203.

Está naciendo.
Le recibe la lluvia.
Lava la sangre.

204.

Con estos sueños
edifico mi casa.
Un rascacielos.

205.

Adiós cosecha.
Se guarda en la despensa
tan solo el hambre.

206.

El agua puede
enloquecer de pena,
matar llorando.

207.

Grita el silencio
todo lo que se oye
y lo que calla.

208.

Hasta mañana.
No se cansa la luna
de despedirse.

209.

Truenos de otoño.
Ensayan la función
para el invierno.

210.

Perdió la luz
su ruta entre la niebla.
Sigue buscando.

211.

Vuelo de águila.
El mundo entre sus alas.
El viento acecha.

212.

La misma dalia
ofrece en cada idioma
otro color.

213.

Vana tormenta.
No sabe que me cubro
con mi sombrero.

214.

Grita el badajo.
Golpea a la campana.
También al aire.

215.

La humilde arena
que pisan nuestros pies
levanta dunas.

216.

Sueñan los mares
que el agua los ahoga
cuando despiertan.

217.

Una acuarela
pinta el sol cada tarde.
Busca el aplauso.

218.

Un solo rayo
atraviesa la noche
y la ilumina.

219.

Cuando la guerra
pregunta los motivos
nadie contesta.

220.

Hambre atrasada.
También una gaviota
puede dar miedo.

221.

Nací de noche.
Necesité dos ojos
y una linterna.

222.

Están los cielos
de las falsas promesas
enladrillados.

223.

Florero inerte.
Encierra entre sus muros
colores muertos.

224.

Los aguaceros
se esconden cada noche
bajo las sábanas.

225.

Si las estrellas
nos pudieran oír
se apagarían.

226.

En la montaña
se ven otros caminos
con otros ojos.

227.

Aprende rápido
el robot de su amo.
Nunca sonríe.

228.

El agua asciende.
Cuando llega a la boca
todo es silencio.

229.

La mala yerba
no entiende que la insulten
ni que la arranquen.

230.

Lo disimula,
pero el mar tiene sendas
hacia la noche.

231.

Hoy la tristeza
se cubre con las capas
de la cebolla.

232.

Sabe el jilguero
que el cielo lo ha escogido
para que cante.

233.

Vive despacio.
Disfruta de su tiempo
esta tortuga.

234.

Noche sin luna.
Se escapó cuando estaban
todos soñando.

235.

En la ciudad
se precipita un rayo
que se perdió.

236.

Puerta cerrada.
Se ha colado el silencio
en el hogar.

237.

En plena noche
no distingo colores,
solo recuerdos.

238.

Yo tuve alas.
Las perdí cuando quise
volar a solas.

239.

En esta tierra
se confunden los pasos
con el camino.

240.

Los muertos callan.
No quieren recordar
guerras perdidas.

241.

Para volver
es preciso apurar
todo el sendero.

242.

Con un mordisco
el cielo se ha tragado
la media luna.

243.

Gasté mis lágrimas.
Las que deja el rocío
nunca se agotan.

244.

¡Qué soledad!
Tampoco en esta noche
se oyeron llantos.

245.

Viejos balcones
añoran las banderas
que ya no están.

246.

Nadie se engañe.
El polvo de la era
nos avisó.

247.

Frío en el alma.
Se abriga con sonrisas
de terciopelo.

248.

Para soñar
basta mirar muy lejos.
Al otro lado.

249.

Construyo un puente
y dibujo mis pasos.
No sé nadar.

250.

Llega noviembre
y todos los difuntos
visten de gala.

251.

Roja amenaza.
Batalla en las alturas.
Lloverá sangre.

252.

La nube quiso
acariciar el mar.
Día sombrío.

253.

Todo es posible.
Puedo ver las estrellas
que se apagaron.

254.

Somos alfombras
y escondemos el polvo
bajo los pasos.

255.

Una oración
repetida mil veces
hasta que escuchen.

256.

Hoy he nacido.
Puedo decir mi nombre
y responder.

257.

Han cercenado
el tallo de la flor
y su belleza.

258.

Dios satisfecho
es el que nunca acaba
con su trabajo.

259.

La res camina
con los ojos vendados
hacia el cuchillo.

260.

¡Cuántos amigos
se han ido despidiendo
hasta mañana!

261.

El palosanto
se derrite en la boca.
Instante dulce.

262.

Como un tornado
puede hundirse en el alma
la soledad.

263.

Juego de cartas.
El As esconde siempre
sus atributos.

264.

Entre los cirros
se desangra el poema.
Quiere nacer.

265.

Aguas dormidas.
Arrasan de improviso
todos los sueños.

266.

Vivo recuerdo.
Yo tenía otro rostro.
Ya lo olvidé.

267

Las uvas saben
embriagar con su cuerpo
y con su espíritu.

268.

La violeta
muestra su fortaleza
en cada pétalo.

269.

Al elefante
le arrancaron el brillo
de su defensa.

270.

Mansa aceituna.
Un color que se azota
y que alimenta.

271.

Misterio ámbar.
Convierte en inmortal
la vida efímera.

272.

Cerró los ojos
y ya no se enteró
de que dormía.

273.

Solloza el campo.
Entierra entre sus brazos
los crisantemos.

274.

Color incauto.
El caqui va a la guerra.
Vuelve de rojo.

275.

Adiós otoño.
Las aves han caído.
Vuelan las hojas.

276.

Cesó la lluvia.
Se enciende el arcoíris.
Cae el telón.

INVIERNO

277.

Llega el invierno.
Se viste de fantasma,
todo de blanco.

278.

El viento cruza
el paisaje infinito.
Vuelo del alma.

279.

Talar un árbol.
Acabar con su vida
y con la nuestra.

280.

Senda brumosa.
La ilumina de pronto
una luciérnaga.

281.

La luna intenta
entrar por los caminos
que nadie pisa.

282.

También los huesos
gimen cuando atraviesan
rutas heladas.

283.

Con unas briznas
erigen las hormigas
un rascacielos.

284.

De sacrificio
ha teñido sus flores
el azafrán.

285.

Bajo la tierra
se quedan los abrazos
que nunca dimos.

286.

Cada segundo
se estrecha más la verja
de la ventana.

287.

Por los espejos
van pasando los rostros.
Nunca se quedan.

288.

Conoce el monte
la gloria de estar solo
y el abandono.

289.

Paloma enferma.
Busca por la ciudad
algún refugio.

290.

Artesanía.
Con sangre y una aguja
zurcir el tiempo.

291.

Otra pregunta.
Otro sueño imposible.
Pisar las nubes.

292.

También se aprende
a morir y a nacer
en cada instante.

293.

Veo una luz.
¿La luna, una farola,
una luciérnaga?

294.

En la distancia
el fuego de los ojos
se apaga solo.

295.

Frágil columpio.
El hilo de la vida
sobre el vacío.

296.

Terminan siempre
con puntos suspensivos
las oraciones.

297.

Fría galerna.
La indiferencia arrasa
también por dentro.

298.

Noche sin luna.
Se perdió en el desierto
del infinito.

299.

Vida feliz.
Ha cultivado rosas
con sus espinas.

300.

Luce de púrpura
la soberbia en su trono.
Metal pesado.

301.

El hospital
deja abierta la puerta.
Entra la fiebre.

302.

Dios nos espera
rezando por nosotros
jaculatorias.

303.

No quedan plazas.
La soledad ocupa
todas las sillas.

304.

Eran espejos
los ojos que lloraban
y se rompieron.

305.

Robar al sueño
unos pocos instantes
para vivir.

306.

El tigre muestra
el color de sus ojos
y su venganza.

307.

De vida o muerte
ha regado la lluvia
hermosas setas.

308.

El cuervo pinta
la noche con sus alas.
Negra amenaza.

309.

En la batalla
se ha secado una gota.
Piedra granate.

310.

Orna el escudo.
Discurre por las venas.
Azur altivo.

311.

Día plomizo.
Tiene las mismas horas.
Parece eterno.

312.

El hombre crea
reflejos de metal.
Pueden matarle.

313.

Pisada leve.
Sin miedos y sin odio
deja más huella.

314.

Color marchito.
También las flores mueren
en plenitud.

315.

Hojas de yerba.
Que no las pise nadie.
Son un poema.

316.

Entré en la selva
y se quedó atrapada
toda mi infancia.

317.

Nos está ahogando
la tormenta lejana.
Ya no hay distancias.

318.

Cierro los ojos.
Puedo hacer que el tornado
desaparezca.

319.

El miedo llega
disfrazado de noche.
Nadie lo ve.

320.

Cuando se enciende
la estrella ya está muerta
de lejanía.

321.

Una tormenta
germina entre los labios.
Invierno crudo.

322.

Circula el agua.
El puente tiene ojos.
La ve pasar.

323.

Cuando atravieso
un poblado vacío
rezo un responso.

324.

Lluvia copiosa.
El árbol ha crecido.
No entra en el bosque.

325.

Cierro los ojos
para ver un color.
Negro absoluto.

326.

Confunde el mar
la vida con la muerte.
La inmensidad.

327.

Tiene dos vidas
la hoguera que calienta
y que da luz.

328.

Lluvia de estrellas.
No cayó de los cielos
ninguna gota.

329.

Busco mis pétalos.
Los que fui deshojando
por el camino.

330.

Con tanto peso
todas las bendiciones
causan dolor.

331.

En el invierno
el sol que más calienta
se echa de menos.

332.

La bomba imita
la risa de los niños.
Un estallido.

333.

Nací en febrero
entre dos temporales.
Los traspasé.

334.

Desde la charca
ha saltado una rana.
Quiere volar.

335.

Nieve en la cumbre.
El barro del sendero
la espera abajo.

336.

Amor de invierno.
Amor de primavera.
Nunca se encuentran.

337.

Suenan campanas.
El pueblo se despierta.
Dolor o gozo.

338.

La vida irrumpe
con el rojo encendido
de las entrañas.

339.

La senda duerme.
El ruido de pisadas
no la despierta.

340.

¿Cómo sabré
si es el amo un robot
que me ha creado?

341.

Brilla la jaula
cuando el sol se detiene
en sus barrotes.

342.

Dentro del templo
se oyen crujir las almas.
Luego, silencio.

343.

Ya somos menos
sentados a la mesa.
Brindan las copas.

344.

Las amapolas
dieron color al campo.
Y su dolor.

345.

El viento azota
las hojas del castaño
para que vuelen.

346.

El gris marengo
no se atreve a ser noche,
pero lo intenta.

347.

Reloj de arena.
El tiempo que se acaba
pesa muy poco.

348.

Sabe el artista
cómo tallar el rojo.
Alhaja o sangre.

349.

La piedra muestra
su piel sin una arruga.
La pule el tiempo.

350.

Fuera, la nieve
escribe nuestra historia.
Un copo basta.

351.

Fue marinero
antes de que la tierra
se lo tragara.

352.

La soledad
no tiene quien la acune.
Duerme de pie.

353.

Solo es un beso.
Nace y muere al instante.
La vida breve.

354.

Día feliz.
Intenté retenerlo,
pero no pude.

355.

Tiemblan de frío
las palmeras desnudas
sobre el asfalto.

356.

Arde el volcán.
Quiere mostrar a todos
que existe el alma.

357.

No era la niebla.
Este invierno escondía
vergüenza ajena.

358.

El rascacielos
ha ensartado una estrella.
Una hemorragia.

359.

Sin aguaceros
no habrá flores ni risas
ni bendiciones.

360.

Arde la vida
en el fuego perenne
del calendario.

361.

Al despertar
mis ojos eran negros,
llenos de noche.

362.

Termina el año.
Ha agotado sus días
y él no lo sabe.

363.

Resucitar
puede ser sobre todo
un sobresalto.

364.

Subir al tren
y ver cómo se escapan
las estaciones.

365.

Salgo al balcón
a gritarle a la vida
que aquí me tiene.

———

366.

Una sorpresa.
Ha nacido otra hoja.
Año bisiesto.

EPÍLOGO

LA ZOZOBRA Y EL HAIKU

Hay que tener una cierta escucha y un amor por lo que las cosas nos susurran, más allá de las apariencias, para escribir haikus. Y Carmen Plaza los tiene. Y además se atreve a usarlos en otra orografía y con otros paisajes que no son orientales. Y lo hace porque el viaje real no es lo que ojos ven en un primer mirar. Nuestra autora, insisto, se atreve con la evocación de lo celeste desde el ciclo de las estaciones, que siguen siendo cuatro, con sus interfaces. Así, con su delicadeza llena de una fuerza descomunal, nos muestra un estado interior que establece correspondencia con el entorno y abre una estrecha comunicación. Lo hace desde la no-acción, desde lo que se fija en medio del cambio, como el núcleo de una rueda en movimiento. Una auténtica provocación, del todo inusual, en medio de un mundo que se enfrenta y se irrita con tanta facilidad.

Con este cuidado, cada uno de los haikus que configuran esta obra nos acompaña en disipar la bruma —la que nos es propia— a medida que leemos. Por eso, en secreto, en el núcleo de cada haiku, la autora da espacio al brillo, ese que solo se desvela cuando las cosas y los seres ocupan el lugar que les corresponde, sin atropello, sin desplazamiento. Entonces la emoción y la catarsis del haiku emite el orden, la precisión y la belleza que los configura.

Elena Morilla
(Coord. Editorial Carena)